INTRODUÇÃO

Olá, prezados leitores, temos a honra de apresentar a vocês a "Cartilha de cibersegurança para líderes do futuro: 24 conselhos de hackers para líderes de ti". Esta obra é o resultado de uma colaboração com uma série de especialistas renomados na área da cibersegurança e inclusão digital: Carlos "Kadu" Zambelli, Ramon "Ooclaar", Thayse Solis, Caique Barqueta, Penegui, Carlos Vieira, Danilo Cordeiro, Demetrius Rafael, Sabrina Ramos, Luana Vieira, Juliana Marques e Andréia Thomé.

Em um mundo onde a digitalização permeia quase todas as esferas de nossas vidas, a cibersegurança tornou-se uma urgência indiscutível. Porém, tão crucial quanto a segurança, é a representatividade e inclusão no setor tecnológico. Assim, esta cartilha não apenas aborda a iminência da cibersegurança no ambiente B2B, mas também destaca a necessidade da diversidade e equidade, focando no papel fundamental das mulheres na tecnologia.

Através da experiência e conhecimentos desses profissionais renomados, este material foi meticulosamente projetado para proporcionar uma perspectiva abrangente sobre os desafios, oportunidades e nuances humanas no âmbito da cibersegurança. Seja você um líder em TI, um entusiasta da segurança digital ou alguém que busca entender mais sobre a intersecção entre tecnologia e diversidade, esta cartilha serve como uma bússola para ajudá-lo a ter propriedade e empatia neste cenário digital em constante evolução.

Com cada capítulo, esperamos não apenas informar, mas inspirar, motivar e desafiar, demonstrando a importância de uma cibersegurança robusta e de um setor tecnológico verdadeiramente inclusivo. Boa leitura!

SUMÁRIO

CONSELHO 1: TECNOLOGIA E SEGURANÇA CORPORATIVA: UMA URGÊNCIA NO MUNDO B2B

CONSELHO 2: A IMPORTÂNCIA DA CIBERSEGURANÇA NO MUNDO DOS NEGÓCIOS

CONSELHO 3: CONHECENDO SUA SUPERFÍCIE DIGITAL - A PRIMEIRA LINHA DE DEFESA

CONSELHO 4: A FRAGILIDADE HUMANA NA ERA DIGITAL E A IMPERATIVIDADE DA CIBERSEGURANÇA

CONSELHO 5: PREPARANDO O FUTURO DA TI: A VULNERABILIDADE HUMANA EM ATAQUES CIBERNÉTICOS

CONSELHO 6: A TRANSFORMAÇÃO DA SEGURANÇA CIBERNÉTICA E AS VULNERABILIDADES HUMANAS EM GRANDES EMPRESAS

CONSELHO 7: A FRONTEIRA TÊNUE ENTRE SEGURANÇA EMPRESARIAL E PESSOAL

CONSELHO 8: O DESPERTAR DA INTELIGÊNCIA ARTIFICIAL E O FUTURO DO CONTEÚDO B2B

CONSELHO 9: INTELIGÊNCIA ARTIFICIAL (IA) EM CIBERSEGURANÇA: UMA ERA DE OPORTUNIDADES E DESAFIOS

CONSELHO 10: DESAFIOS EM SEGURANÇA B2B EM IOT E MEDIDAS DE PROTEÇÃO

CONSELHO 11: A ARTE DA SEGURANÇA EM IOT PARA EXECUTIVOS DE TI

CONSELHO 12: A IMPORTÂNCIA CRUCIAL DOS TESTES DE PENETRAÇÃO EM AMBIENTES DE CLOUD

CONSELHO 13: ESTRATÉGIAS EFETIVAS DE PENTEST PARA LÍDERES DE TI

CONSELHO 14: O EQUILÍBRIO ENTRE TESTES AUTOMATIZADOS E MANUAIS EM SEGURANÇA DE TI

CONSELHO 15: A SEGURANÇA DEFENSIVA NO AMBIENTE CORPORATIVO

CONSELHO 16: A ESTRATÉGIA SILENCIOSA POR TRÁS DA SEGURANÇA EM TI

CONSELHO 17: A LIDERANÇA FEMININA EM TECNOLOGIA: OS DESAFIOS E O CAMINHO A PERCORRER

CONSELHO 18: EQUIDADE DE GÊNERO EM SEGURANÇA DA INFORMAÇÃO: CAMINHOS E DESAFIOS

CONSELHO 19: A EVOLUÇÃO DAS MULHERES NA TECNOLOGIA E OS DESAFIOS CONTÍNUOS

CONSELHO 20: A INCLUSÃO FEMININA NA TECNOLOGIA: A REALIDADE DOS BASTIDORES

CONSELHO 21: A TRANSFORMAÇÃO DIGITAL E A PARTICIPAÇÃO FEMININA

CONSELHO 22: DA TEORIA À PRÁTICA: A TRANSFORMAÇÃO DO APRENDIZADO EM CIBERSEGURANÇA ATRAVÉS DO CAPTURE THE FLAG (CTF)

CONSELHO 23: A RESILIÊNCIA E O IMPACTO SOCIAL NA TI

CONSELHO 24: A FORÇA DAS COMUNIDADES NA JORNADA DA TECNOLOGIA

CONSELHO 1: TECNOLOGIA E SEGURANÇA CORPORATIVA: UMA URGÊNCIA NO MUNDO B2B

Nos últimos anos, o mundo corporativo testemunhou um aumento significativo nos ataques cibernéticos, trazendo à tona a vulnerabilidade que muitas grandes empresas ainda enfrentam. As falhas de segurança não são apenas resultados de erros humanos, mas muitas vezes elas se originam da falta de consciência em relação à importância da segurança em cada etapa do desenvolvimento de software.

No coração do desenvolvimento tecnológico, encontramos profissionais dedicados que muitas vezes estão focados em entregar funcionalidade e eficiência. No entanto, uma pergunta crítica frequentemente fica em segundo plano: "Meu código está seguro contra invasões?"

É essencial para as organizações garantir que seus desenvolvedores não estejam apenas codificando para desempenho, mas também para segurança. E para isso, uma mudança de mentalidade é necessária.

Apesar de avanços notáveis, ainda há um longo caminho a percorrer. Muitas empresas líderes no mercado continuam operando com sistemas desatualizados, seja por questões de custo ou pela complexidade de migração. Surpreendentemente, algumas ainda funcionam com plataformas como o Windows 7, ampliando o risco.

Para os executivos de alto escalão de TI, o desafio é duplo. Não só é necessário garantir que a infraestrutura atual esteja protegida, mas também liderar a transformação digital de forma segura.

Conselhos práticos para liderar a transformação digital:

- Avaliação regular: Institua auditorias frequentes para identificar sistemas desatualizados e planeje sua atualização.

- Invista em formação: Garanta que sua equipe esteja atualizada sobre as melhores práticas em segurança cibernética.

- Colabore: Trabalhe em estreita colaboração com equipes de segurança cibernética para abordar vulnerabilidades antes que se tornem ameaças.

- Liderança: Estabeleça a segurança como prioridade em sua cultura organizacional. Seus funcionários seguirão seu exemplo.

O mundo B2B está em um ponto crítico em sua relação com a segurança digital. Enquanto as ameaças evoluem, as empresas devem evoluir em ritmo mais acelerado. Proteger o patrimônio digital de uma organização não é apenas uma necessidade técnica, mas também uma responsabilidade ética. E para os líderes de TI, o momento de agir é agora.

CONSELHO 2: A IMPORTÂNCIA DA CIBERSEGURANÇA NO MUNDO DOS NEGÓCIOS

Todos os processos de desenvolvimento de softwares estão sujeitos a falhas, e estas, muitas vezes, são oriundas da própria equipe interna. Quando um desenvolvedor descontente deixa uma organização, é possível que, em certas circunstâncias, ele possa implementar backdoors na aplicação para fins maliciosos. Tais falhas podem servir como portas de entrada para hackers.

É fundamental evitar a contratação de desenvolvedores apenas pelo fator "custo". Um profissional de cibersegurança qualificado é crucial para monitorar todos os projetos de desenvolvimento.

Antes de qualquer projeto ser lançado ao ambiente de produção, é vital que ele passe por etapas de teste e homologação. Durante essa fase, a aplicação deve ser submetida a rigorosos testes de segurança para garantir que ela não tenha vulnerabilidades que possam ser exploradas.

Implemente normas rígidas e use frameworks reconhecidos, como o OWASP Top 10, para validar se uma aplicação está livre de vulnerabilidades antes de sua promoção para o ambiente de produção.

A cibersegurança não é apenas uma questão técnica, mas também estratégica. Os líderes de uma empresa, independentemente de suas funções primárias, devem estar conscientes dos riscos cibernéticos.

Em meio às preocupações diárias com finanças e vendas, pode ser fácil para os executivos negligenciar a tecnologia e a segurança. No entanto, ignorar esses aspectos pode resultar em graves consequências, como vazamentos de dados e multas associadas, especialmente sob legislações como a LGPD.

Não veja a tecnologia e a cibersegurança como um custo, mas sim como um investimento. As perdas financeiras devido a falhas de segurança podem exceder em muito o que se economizou ao negligenciar a área. Portanto, aproxime-se da equipe de tecnologia e invista no treinamento contínuo de toda a organização.

A formação em cibersegurança não deve ser exclusividade dos departamentos de TI. Todo o quadro de funcionários, desde o diretor comercial até os cargos mais básicos, deve estar equipado com o conhecimento necessário para identificar e evitar ameaças.

Algo tão simples quanto um pendrive encontrado no estacionamento, por exemplo, pode ser uma ameaça potencial se conectado ao sistema da empresa. Da mesma forma, o recebimento de um email suspeito pode ser perigoso se não for previamente analisado pelo time de TI.

Faça da sua equipe de TI um ponto de apoio central na empresa. Antes de tomar qualquer ação que envolva dados ou sistemas, consulte os especialistas. Ao implementar essas práticas, as organizações estarão muito mais preparadas para enfrentar os desafios do mundo digital, garantindo a integridade de seus ativos e protegendo-se contra ameaças potenciais. A cibersegurança, mais do que nunca, é uma necessidade empresarial.

CONSELHO 3: CONHECENDO SUA SUPERFÍCIE DIGITAL - A PRIMEIRA LINHA DE DEFESA

Em um mundo onde a conectividade e a integração digital permeiam todos os aspectos das operações comerciais, entender a extensão da superfície de exposição digital de uma organização torna-se fundamental. Para líderes de TI, esta é uma chamada para a ação, para a necessidade de desenvolver um entendimento profundo sobre os ativos da empresa que estão conectados à internet.

As empresas que desejam manter-se seguras no cenário atual precisam, primeiramente, ter um entendimento claro dos seus ativos digitais. Isto envolve conhecer:

- Ativos visíveis para a internet: Como sistemas, aplicativos e bancos de dados.

- APIs em uso: Especialmente aquelas que fazem integrações com serviços de nuvem.

- Dispositivos conectados: Incluindo hardware e equipamentos que se integram à rede.

Investir em ferramentas e processos que mapeiam regularmente e atualizam essas informações é um passo crítico.

Um erro comum é subestimar as ameaças aparentemente menores. Os ataques cibernéticos frequentemente iniciam de maneira sutil antes de se manifestarem como ameaças maiores. Um dispositivo tão inofensivo quanto um mouse pode ser a porta de entrada. Há casos onde dispositivos que aparentavam ser meros mouses eram, na verdade, emuladores de teclado programados para executar códigos maliciosos. Ao serem conectados, operavam como se fossem teclados, executando códigos que proporcionavam acesso remoto, eventualmente levando os invasores ao servidor principal da empresa.

Os ataques não provêm apenas de fontes externas. Existem ameaças internas igualmente prejudiciais, muitas vezes provenientes de funcionários insatisfeitos ou descontentes. Portanto, a segurança não é apenas uma questão de proteger-se de ameaças externas, mas também de garantir que os sistemas internos sejam robustos e os colaboradores estejam bem informados.

Líderes de TI devem cultivar uma cultura organizacional de conscientização e educação em segurança cibernética. Isso inclui treinamento regular e simulações de ataques para garantir que todos na organização saibam como identificar e responder a ameaças.

Conhecer sua superfície de exposição digital e entender as ameaças potenciais é a primeira linha de defesa contra ataques cibernéticos. Líderes de TI proativos reconhecem isso e tomam medidas adequadas para proteger seus ativos valiosos, garantindo assim a segurança, confiabilidade e integridade dos sistemas de informação da empresa.

CONSELHO 4: A FRAGILIDADE HUMANA NA ERA DIGITAL E A IMPERATIVIDADE DA CIBERSEGURANÇA

Em um mundo crescentemente digital, a segurança de nossas redes e sistemas é fundamental. Contudo, a chave para uma estratégia de segurança eficaz não se encontra apenas em softwares sofisticados ou hardwares de última geração. Ela está intrinsecamente ligada ao elemento humano.

A principal vulnerabilidade nas organizações não é técnica, mas humana. O uso indevido de recursos, como o cadastro de e-mails corporativos em sites aleatórios, pode ser a abertura para ataques sofisticados. Investir em tecnologia de ponta, mas deixar os colaboradores sem treinamento adequado é como construir uma fortaleza com portas desbloqueadas.

Principais erros humanos em cibersegurança:

- Uso de e-mails corporativos em sites não confiáveis.

- Falta de treinamento e conscientização.

- Uso de senhas fracas.

- Ignorar atualizações de segurança.

Apostar exclusivamente no Blue Team – a linha de defesa – pode não ser suficiente. A implementação de uma abordagem do Red Team, através de testes de penetração (Pentest), proporciona uma perspectiva de ataque. Esta abordagem dupla permite identificar e corrigir vulnerabilidades antes que elas sejam exploradas.

Contudo, não se deve confiar cegamente nos relatórios de Pentest. Uma abordagem superficial, usando ferramentas automatizadas, pode deixar escapar vulnerabilidades críticas que um teste manual detalhado poderia revelar.

Tomando como exemplo a plataforma Natas, observamos que a segurança e o desenvolvimento de software estão intrinsecamente ligados. Ao ensinar os desenvolvedores sobre as vulnerabilidades, eles se tornam capazes de programar com uma mentalidade de segurança.

Uma falha comum, por exemplo, é o esquecimento de informações sensíveis, como senhas, em códigos fonte. Uma simples análise pode revelar essa negligência, que pode ser explorada por agentes maliciosos.

Por mais tentador que seja pular para ferramentas avançadas e técnicas sofisticadas, entender os fundamentos é crucial. Ferramentas são apenas tão boas quanto as pessoas que as usam. Uma análise primária cuidadosa pode revelar mais vulnerabilidades do que ferramentas automatizadas de alto nível.

Sempre vale destacar: invista no treinamento de seus colaboradores. A tecnologia pode fornecer as ferramentas, mas a primeira linha de defesa é sempre o fator humano. Em vez de focar exclusivamente na defesa, considere adotar uma postura proativa, compreendendo as potenciais vulnerabilidades antes que elas sejam exploradas. E, acima de tudo, nunca subestime a importância dos fundamentos.

CONSELHO 5: PREPARANDO O FUTURO DA TI: A VULNERABILIDADE HUMANA EM ATAQUES CIBERNÉTICOS

A evolução digital deu lugar a um ambiente onde a sofisticação dos ataques cibernéticos se ampliou drasticamente. A dinâmica e a aparência desses ataques são tão bem elaboradas que, frequentemente, as fronteiras entre o legítimo e o fraudulento se confundem.

Em uma era digital, o e-mail tornou-se o principal meio de entrada para ataques. Os malfeitores, munidos de paciência e informações, elaboram mensagens quase indistinguíveis das legítimas. Seja imitando bancos, sistemas de pagamento ou qualquer outra entidade confiável, o objetivo é simples: instigar a vítima a agir por impulso, levada pelo medo ou pela urgência da mensagem.

Características comuns de e-mails maliciosos:

- Imitação visual de entidades confiáveis.
- Tentativa de gerar urgência ou medo.
- Solicitação de informações sensíveis.
- Links suspeitos que levam a páginas falsas.

Muitas empresas tomam medidas rigorosas, como restringir o acesso a aplicativos de mensagens e bloquear portas USB. No entanto, por mais hermético que um sistema possa parecer, a verdadeira vulnerabilidade muitas vezes reside no fator humano. Um ambiente totalmente seguro requer desconexão completa da internet – uma proposta inviável para a maioria das empresas modernas.

A solução mais eficaz não está apenas em tecnologia, mas na capacitação do capital humano. Treinar funcionários para serem céticos e atenciosos pode ser a chave para prevenir ataques.

Diretrizes para aumentar a segurança cibernética:

- Educação continuada: Invista em treinamentos frequentes sobre segurança cibernética para sua equipe.

- Promova o ceticismo saudável: Encoraje os funcionários a questionar a autenticidade de e-mails e links recebidos.

- Estabeleça protocolos de verificação: Antes de responder a qualquer solicitação sensível, o protocolo deve ser verificado diretamente com a entidade supostamente emissora.

- Priorize a prevenção: Em caso de dúvida, a ação imediata deve ser a não ação. É melhor prevenir do que remediar.

Em um mundo digital em constante evolução, garantir a segurança cibernética vai além da tecnologia. Reconhecer a fragilidade humana e transformá-la em força por meio da educação e treinamento é essencial. Para os líderes de TI de grandes empresas, o desafio é manter sua organização informada, vigilante e, acima de tudo, preparada.

CONSELHO 6: A TRANSFORMAÇÃO DA SEGURANÇA CIBERNÉTICA E AS VULNERABILIDADES HUMANAS EM GRANDES EMPRESAS

Em um mundo cada vez mais digital, a segurança cibernética se tornou uma pedra angular na manutenção da integridade das informações em empresas de todos os tamanhos. Mas, mesmo com a evolução constante das tecnologias, a principal falha ainda é humana.

Muitos profissionais enfrentam o desafio de sair da teoria para a prática no início de suas carreiras. Se o conhecimento é puramente teórico, como um indivíduo pode ser contratado para realizar testes práticos, como o Penetration Test (Pentest)? É aqui que surgem plataformas como o Natas, que são voltadas para o treinamento prático através de atividades como o Capture The Flag (CTF).

A vulnerabilidade em uma plataforma específica pode variar em sua localização - código HTML, CSS, JavaScript, entre outros. Mas a lógica por trás de identificar essa vulnerabilidade é quase sempre a mesma. O treinamento em situações específicas capacita o profissional a identificar problemas mais facilmente dentro das organizações.

Apesar de algumas ameaças, como o ransomware, não serem novidade, seu impacto se amplifica quando grandes corporações são atingidas. Técnicas como o "spearfishing" se tornam ainda mais perigosas por serem segmentadas para indivíduos específicos dentro das corporações.

Casos de vazamento de informações, seja por negligência - como anotar senhas em locais acessíveis -, ou por técnicas como "shoulder surfing", onde informações são coletadas observando-se alguém manipulando um dispositivo, têm se tornado mais frequentes.

Invista regularmente em treinamento corporativo para funcionários, enfatizando práticas seguras e conscientização sobre as técnicas de ataque mais recentes. Não é apenas no ambiente virtual que as ameaças ocorrem. Existem técnicas em que os atacantes tentam penetrar fisicamente em uma organização. Há registros de casos onde dispositivos contaminados são enviados às empresas, disfarçados de presentes corporativos, e ao serem conectados à rede, comprometem todo o sistema.

Práticas de prevenção:

- Sempre verifique a origem de dispositivos desconhecidos.

- Crie uma política de não aceitação de dispositivos desconhecidos sem uma verificação prévia.

- Informe regularmente aos funcionários sobre tais ameaças.

A segurança cibernética é uma disciplina em constante evolução, e os líderes de TI devem estar à frente, antecipando-se às ameaças e garantindo que suas equipes estejam bem treinadas e preparadas. A falha humana é, muitas vezes, o elo mais fraco, mas com treinamento, conscientização e medidas preventivas robustas, essa vulnerabilidade pode ser minimizada.

CONSELHO 7: A FRONTEIRA TÊNUE ENTRE SEGURANÇA EMPRESARIAL E PESSOAL

Em tempos modernos, onde a conectividade é uma necessidade diária, as empresas encontram-se diante de um paradoxo de segurança. A combinação da busca por comodidade e eficiência com uma complexa rede de ameaças cibernéticas faz com que as organizações repensem sua abordagem em relação à segurança, especialmente quando esta intersecta com a vida pessoal de seus funcionários.

Um dos exemplos mais claros dessa interseção é o uso de Wi-Fi corporativo por dispositivos pessoais. A demanda por conectividade para comunicação rápida e eficaz é inegável. Porém, essa abertura na rede pode ter consequências indesejadas.

Monitoramentos internos mostraram que conexões incomuns podem se originar de dispositivos aparentemente inofensivos.

Sempre controle e monitore os dispositivos que têm acesso à sua rede. Uma possível abordagem é amarrar cada dispositivo a um endereço MAC específico, permitindo rastrear qualquer atividade suspeita a uma fonte específica.

Não é raro encontrar funcionários que compartilham dispositivos pessoais com familiares. Nestes dispositivos, a instalação de um simples jogo ou aplicativo pode se tornar uma porta de entrada para malwares. A ameaça, então, se intensifica quando o dispositivo é conectado à rede corporativa. Esta série de eventos ressalta a importância da conscientização não só dentro da empresa, mas fora dela.

Promova treinamentos e workshops de conscientização sobre segurança digital para seus funcionários. Enfatize os riscos associados ao uso inadequado de dispositivos pessoais.

A crescente digitalização também levanta questões sobre a integridade dos próprios funcionários. Assim como alguém pode ser subornado para fornecer acesso físico a uma empresa, agora existe o risco de funcionários serem cooptados para facilitar ataques cibernéticos.

Estabeleça protocolos de contratação rigorosos e mantenha um canal aberto de comunicação com seus funcionários. A confiança é fundamental, mas deve ser construída sobre bases sólidas.

À medida que a segurança cibernética se torna cada vez mais intrincada, a linha entre o profissional e o pessoal fica tênue. É vital que líderes em TI compreendam essa interconexão e se adaptem a ela, garantindo que as defesas corporativas se estendam além dos limites físicos da empresa.

CONSELHO 8: O DESPERTAR DA INTELIGÊNCIA ARTIFICIAL E O FUTURO DO CONTEÚDO B2B

Em tempos recentes, a Inteligência Artificial (IA) tomou um espaço preeminente em nossas vidas, especialmente com sistemas como o chatGPT. As empresas de tecnologia têm trabalhado incansavelmente para aprimorar a interação humana com suas IAs. A ideia é criar uma sensação de conversa com um ser humano, mesmo que virtual. Pode-se dizer que, para muitos, o chatGPT age quase como um mentor ou professor, ajudando-os a encontrar soluções e responder perguntas.

Contudo, com toda a inteligência programada, a IA ainda é alimentada por dados gerados por humanos. Se há falhas ou desinformação em algum dado, a IA pode replicar essa falha, ilustrando o velho adágio: lixo entra, lixo sai.

Mas, com a ascensão de sistemas como o chatGPT, surge uma questão intrigante: se as pessoas passam a depender mais da IA e menos dos mecanismos de pesquisa tradicionais, haverá uma diminuição na geração de conteúdo? E, sem conteúdo fresco, de onde as IAs vão extrair novos aprendizados?

Uma solução potencial, conforme sugerido pela própria IA, é a ideia de empresas, como a OpenAI, pagarem diretamente aos humanos para gerar conteúdo, assegurando um fluxo constante de informação para as IAs.

A maneira tradicional de buscar informações está mudando. Com a IA se tornando mais integrada aos dispositivos cotidianos, como, por exemplo, por meio de assistentes de voz, a experiência de pesquisa se tornará mais interativa.

No entanto, ao contrário da crença popular, esta evolução não necessariamente resultará na perda de empregos, mas em uma mudança na natureza do trabalho. Aplicações como o 'Midjourney', uma IA focada na criação de imagens, demonstram que a tecnologia não visa substituir os profissionais, mas sim complementar suas habilidades.

Para os líderes de TI, a mensagem é clara: continue investindo em capacitação e adaptação. Em vez de ver a IA como uma ameaça, veja-a como uma ferramenta que pode liberar os humanos de tarefas repetitivas, permitindo-lhes se concentrar em atividades mais estratégicas e criativas. Afinal, a verdadeira inovação surge da combinação da capacidade humana com o poder da máquina.

Mantenha-se atualizado sobre as tendências da IA, invista em treinamento contínuo para sua equipe e explore como essas ferramentas podem ser incorporadas para otimizar processos, sem perder de vista o valor inestimável da criatividade humana.

CONSELHO 9: INTELIGÊNCIA ARTIFICIAL (IA) EM CIBERSEGURANÇA: UMA ERA DE OPORTUNIDADES E DESAFIOS

A rápida evolução da inteligência artificial (IA) trouxe uma miríade de oportunidades, especialmente para o domínio da cibersegurança. A capacidade da IA de analisar grandes conjuntos de dados e reconhecer padrões tornou possível desenvolver sistemas de defesa mais robustos e proativos. No entanto, como qualquer avanço tecnológico, a IA também apresenta seus desafios.

Os sistemas antivírus tradicionais, embora eficazes em certa medida, dependem principalmente de bancos de dados de assinaturas para detectar ameaças. Isso significa que eles são reativos por natureza. Mas imagine um antivírus equipado com IA, capaz de prever e combater ameaças antes mesmo de se materializarem? Esses sistemas não apenas identificam códigos maliciosos com base em assinaturas conhecidas, mas também monitoram comportamentos anômalos, usando aprendizado de máquina para identificar novas ameaças.

Características de um antivírus inteligente:

- Monitoramento proativo.

- Detecção baseada em comportamento.

- Atualizações em tempo real.

- Adaptação e aprendizado contínuo.

Contudo, é essencial reconhecer que o mesmo poder que a IA proporciona em termos de defesa também está disponível para os atacantes.

Ferramentas como o "WormGPT" exemplificam essa realidade, permitindo que cibercriminosos gerem códigos maliciosos de maneira rápida e eficaz. Assim, enquanto a IA pode ser uma grande aliada na defesa, ela também pode potencializar os ataques, tornando o campo de batalha cibernético mais complexo.

Um dos aspectos mais desafiadores da cibersegurança está nos ataques baseados em hardware. Considere, por exemplo, um dispositivo que emula um teclado. Ele pode se conectar a um computador e executar comandos sem que o usuário perceba. Esse tipo de ataque explora a confiança intrínseca entre os dispositivos e o sistema operacional. Detectar essas ameaças exige uma abordagem sofisticada, levando em consideração padrões humanos de digitação e comportamento.

Métodos para detectar ataques baseados em hardware:

- Monitorar velocidades de digitação.

- Analisar padrões de teclas pressionadas.

- Implementar restrições de dispositivo.

No centro de qualquer estratégia de cibersegurança eficaz está a conscientização do usuário. O caso do Stuxnet, que supostamente entrou no sistema iraniano através de um pendrive USB, ilustra a necessidade crítica de educação e treinamento. É vital garantir que os funcionários estejam cientes dos riscos e saibam como agir de forma segura.

Para os executivos de TI, é claro que a era da IA trouxe uma série de desafios, mas também oportunidades sem precedentes. É essencial adotar uma abordagem equilibrada, aproveitando as capacidades avançadas da IA enquanto se mantém vigilante contra as ameaças emergentes. Ao mesmo tempo, nunca subestime o poder da conscientização. Em um mundo digital em constante evolução, a educação e a preparação contínua são as chaves para garantir que as empresas permaneçam seguras e protegidas.

CONSELHO 10: DESAFIOS EM SEGURANÇA B2B EM IOT E MEDIDAS DE PROTEÇÃO

No mundo tecnológico em rápida evolução, os líderes de TI enfrentam um conjunto complexo de desafios, especialmente quando se trata de Internet das Coisas (IoT). À medida que mais dispositivos se conectam e compartilham dados em redes, o risco associado aumenta exponencialmente.

Muitas empresas, hoje em dia, empregam a tecnologia RFID - Radio Frequency Identification - para controle de acesso. Infelizmente, vários desses cartões de acesso RFID são vulneráveis. Dispositivos mal-intencionados, como um Flipper ou, mais notavelmente, o Proxmark – um instrumento avançado projetado especificamente para testes de penetração nessa tecnologia – podem explorar essas vulnerabilidades.

Com uma combinação de clonagem e estratégias de engenharia social, indivíduos maliciosos podem ganhar acesso indevido a instalações e, subsequentemente, conectar dispositivos, como pendrives, que têm a capacidade de introduzir códigos maliciosos em sistemas.

Além do RFID, as empresas frequentemente incorporam outros dispositivos de IoT, como lâmpadas inteligentes, buscando automação e economia de energia. No entanto, a maioria destes dispositivos, se não for devidamente monitorada e configurada, pode representar um risco significativo.

A histórica botnet Mirai serve como um exemplo elucidativo. Ela sequestrou um vasto número de dispositivos, permitindo que cibercriminosos lançassem ataques massivos em serviços online. Muitos destes dispositivos sequestrados eram componentes comuns de IoT, como câmeras e lâmpadas.

Sempre questione: "A empresa está pronta para usar essa tecnologia?" A adoção precipitada pode levar a consequências devastadoras, como vazamentos de dados corporativos.

Para mitigar esses riscos, é imperativo que as empresas:

- Monitorem seus dispositivos: Conheça o comportamento e comunicação de cada dispositivo em sua rede.

- Implementem segmentação de rede: Isso impede que dispositivos comprometidos infiltrem outras partes da rede.

- Adotem proteções robustas: Ferramentas como Firewalls, IDS, IPS e WAFs são essenciais.

- Restrinjam permissões: Nem todos os dispositivos precisam de acesso à internet. Se não for necessário, restrinja.

Para finalizar, enquanto a tecnologia IoT promete conveniência e eficiência, a segurança deve ser a principal preocupação. As ferramentas e práticas corretas garantem que as empresas possam aproveitar os benefícios da IoT sem comprometer sua segurança e integridade

CONSELHO 11: A ARTE DA SEGURANÇA EM IOT PARA EXECUTIVOS DE TI

A ascensão da Internet das Coisas (IoT) trouxe avanços tecnológicos que impactam diretamente empresas de todos os tamanhos. Dispositivos conectados à rede tornam operações mais eficientes e trazem insights valiosos sobre o comportamento do consumidor. No entanto, é crucial estar ciente dos potenciais riscos associados à IoT.

Não é raro encontrar na dark web serviços que prometem ataques a servidores ou sites, muitos deles baseados em infraestruturas de IoT. Estes são frequentemente anunciados como Malware as a Service - MaaS. A acessibilidade desses serviços de ataque aumenta a necessidade de fortalecer a segurança.

Ao implementar soluções de IoT, é essencial conhecer os ativos conectados à sua rede e a potencial superfície de ataque. Ferramentas e mapeamentos, como os oferecidos por organizações como a Guardicore, podem auxiliar na identificação de possíveis pontos vulneráveis.

Toda vez que uma tecnologia nascente é lançada ou um software é atualizado, novas vulnerabilidades podem ser introduzidas. A evolução constante, como a transição para o 5G, pode abrir novas brechas de segurança, o que torna a proteção um desafio.

Práticas de proteção básica em IoT:

- Alteração de credenciais padrão: Sempre troque nomes de usuário e senhas padrão fornecidos pelo fabricante. Uma senha forte é o primeiro passo para garantir a segurança.

- Monitoramento de atualizações: Fabricantes frequentemente lançam atualizações para corrigir vulnerabilidades recém-descobertas. Mantenha-se atualizado e aplique patches conforme necessário.

- Conhecimento e educação: Compreenda profundamente a tecnologia que você está implementando. Uma compreensão clara dos dispositivos de IoT em sua rede permite uma resposta rápida a possíveis ameaças.

Enquanto a IoT apresenta inúmeras oportunidades para empresas, ela também traz consigo desafios significativos em termos de segurança. Estar ciente desses riscos e tomar medidas proativas para mitigá-los garantirá que sua empresa aproveite os benefícios da IoT, minimizando potenciais ameaças. No mundo conectado de hoje, a prevenção é a chave para o sucesso.

CONSELHO 12: A IMPORTÂNCIA CRUCIAL DOS TESTES DE PENETRAÇÃO EM AMBIENTES DE CLOUD

À medida que as organizações migram para soluções baseadas em nuvem, é crucial considerar a segurança desse ambiente. O surgimento de vulnerabilidades clássicas, combinado com novos desafios relacionados à configuração, cria um cenário único de riscos.

Vulnerabilidades clássicas persistem no mundo da tecnologia, muitas vezes devido a falhas repetidas em abordar os mesmos pontos fracos. No entanto, um dos principais problemas observados, especialmente no ambiente de nuvem, é a desconfiguração:

- Vulnerabilidades clássicas: Erros frequentemente observados e documentados, como aqueles listados no OWASP Top 10.

- Desconfiguração: Erros que surgem devido a uma configuração inadequada ou ausente, como deixar um storage de dados do cliente público.

A desconfiguração não é um problema estático. Pode surgir de maneiras imprevisíveis, como um script mal escrito ou uma alteração não intencional. O impacto pode ser devastador, levando a vazamentos de dados significativos.

Ao considerar ambientes de nuvem, um Pentest não é apenas uma auditoria de segurança, mas uma ferramenta vital para identificar vulnerabilidades em potencial. Ele segue um checklist rigoroso, verificando aspectos como autenticação, sessão do usuário e a presença de vulnerabilidades específicas. No entanto, ao testar ambientes de nuvem, o enfoque se expande:

- Compreensão da cloud: Entenda o tipo de cloud que está sendo testada - pública, privada, serverless ou outra variação.

- Casos específicos: Cada provedor de nuvem, seja AWS, GCP ou outro, terá suas próprias nuances. É fundamental adaptar o Pentest para se adequar a esses cenários.

Um conceito errôneo que circulou durante os primeiros dias da computação em nuvem era que a migração para a cloud automaticamente garantiria segurança. Muitos provedores propagaram essa ideia, talvez para atrair negócios. No entanto, a realidade é diferente:

- Responsabilidade do provedor: O provedor de nuvem garante a segurança até certo ponto, como a infraestrutura física, a energia e a rede.

- Responsabilidade do cliente: Dependendo do serviço utilizado, o cliente pode ter que gerenciar a segurança do sistema operacional, atualizações e outras configurações.

Não subestime a importância de compreender profundamente a infraestrutura de nuvem que sua organização utiliza. A responsabilidade compartilhada significa que enquanto seu provedor de nuvem pode lidar com certos aspectos da segurança, outros podem cair diretamente sobre seus ombros. Proatividade, educação contínua e testes rigorosos são vitais para garantir a segurança dos dados e operações de sua empresa.

CONSELHO 13: ESTRATÉGIAS EFETIVAS DE PENTEST PARA LÍDERES DE TI

O teste de penetração (Pentest) é um aspecto crucial da segurança cibernética. É um exercício projetado para avaliar a robustez dos sistemas de TI contra possíveis ataques. No entanto, para maximizar o valor do Pentest, há práticas recomendadas e nuances a serem consideradas, especialmente para executivos de TI de grandes empresas:

- Desenvolvimento contínuo e prática:

    - Cultivando a criatividade: A chave para um teste de penetração bem-sucedido é a criatividade. Ao simular ataques, é fundamental pensar como um hacker.

- Laboratórios de prática: Para os aspirantes a profissionais de segurança cibernética, o treinamento prático é essencial. Existem vários laboratórios disponíveis, como Hack the Box, Hack Me e Hacking Club, onde se pode praticar diferentes cenários de vulnerabilidade.

- Escolhendo o fornecedor certo:

    - Conhecimento profundo: Antes de contratar um fornecedor de Pentest, é fundamental entender sua metodologia, a profundidade de seus testes e a autenticidade de suas abordagens.

    - Evitando "Fast Pentests": Muitos fornecedores oferecem o que é conhecido como "Fast Pentest", um método rápido que se baseia principalmente em ferramentas automatizadas. No entanto, este não deve ser confundido com um verdadeiro Pentest, que deve ser profundo e manual, destinado a identificar e demonstrar impactos reais de vulnerabilidades.

- Importância do escopo correto:

    - Definição de prioridades: Antes de realizar um Pentest, as empresas devem definir claramente o escopo do teste. Isso significa identificar os ativos mais críticos e garantir que o teste esteja alinhado com os objetivos de negócios.

    - Evitando falhas de comunicação: Muitas vezes, as empresas conhecem seus pontos vulneráveis, mas não os incluem no escopo. Certificar-se de que o escopo é preciso e relevante é crucial para obter o máximo valor de um Pentest.

Um componente crucial da estratégia de segurança é a modelagem de ameaças. Isso ajuda as empresas a antecipar potenciais ameaças, preparar-se adequadamente e proteger seus ativos. Ao integrar essa abordagem em sua estratégia de segurança, as empresas podem fortalecer ainda mais suas defesas.

No mercado atual, existem várias ferramentas e soluções destinadas a melhorar a segurança. Por exemplo, o WAF (Web Application Firewall) da Akamai foi elogiado por sua eficácia em detectar comportamentos anormais, tornando-se um desafio até mesmo para os especialistas mais experientes em burlar.

Não subestime a importância de um Pentest eficaz. É mais do que apenas uma verificação de caixa; é uma parte integrante de uma estratégia de segurança robusta. Escolha seu fornecedor com cuidado, defina seu escopo com precisão e integre estratégias proativas como a modelagem de ameaça para se manter um passo à frente das ameaças cibernéticas.

CONSELHO 14: O EQUILÍBRIO ENTRE TESTES AUTOMATIZADOS E MANUAIS EM SEGURANÇA DE TI

O cenário de segurança da informação é repleto de desafios e a evolução contínua dos métodos de teste tornou-se vital para as empresas. No cerne desta discussão está a questão: Qual é o equilíbrio ideal entre testes automatizados e manuais?

Os testes automatizados, em sua essência, operam com base em um checklist definido. Esses testes podem verificar vulnerabilidades específicas, como *Scale Injection*, *XSS* e *server side template injection*. Graças à integração com o DevSecOps e ao Application Security, muitas organizações hoje implementam testes automatizados em seus ciclos de desenvolvimento.

Entretanto, a segurança não é apenas uma lista de verificações. A natureza criativa e adaptável dos testes manuais permite aos profissionais identificar falhas sutis, muitas vezes ligadas a falhas de negócio, que uma ferramenta automatizada pode não detectar.

O ser humano traz um elemento único para a mesa: intuição e criatividade. Vulnerabilidades, por vezes, emergem de formas inesperadas. Seja por uma sequência específica de ações ou uma combinação de variáveis que uma máquina não foi programada para considerar. Exemplos notáveis:

- Uma vulnerabilidade desencadeada por um clique múltiplo em um botão específico.

- Exploração de brechas em máquinas de cartão, que, embora pareçam seguras, ainda podem ter vulnerabilidades ocultas acessíveis via depuração USB ou outras abordagens criativas.

A segurança defensiva beneficia-se da variedade. Cada testador traz sua própria experiência e perspectiva para um projeto. Ao diversificar quem realiza os testes, as empresas têm a oportunidade de descobrir e mitigar mais vulnerabilidades.

Busque sempre rodar seus testes de segurança com equipes variadas. A repetição pode levar à complacência; novos olhos podem ver coisas que os anteriores não viram.

A tecnologia tem seu lugar na segurança da informação, oferecendo eficiência e cobertura ampla. No entanto, a intuição humana e a criatividade ainda são insubstituíveis. Para as empresas que buscam a excelência em segurança, a combinação de abordagens automatizadas e manuais, com uma dose saudável de diversidade de perspectivas, é a chave para um ambiente de TI robusto e seguro.

Em um mundo em constante evolução, a adaptabilidade é essencial. Esteja aberto a novas técnicas e abordagens, e nunca subestime o valor da experiência e intuição humanas no campo da segurança da informação.

CONSELHO 15: A SEGURANÇA DEFENSIVA NO AMBIENTE CORPORATIVO

Em qualquer jornada de segurança, a construção é gradual, como a de um muro. Não podemos ter a ambição de proteger tudo de uma vez. É fundamental identificar o que é mais crítico e começar por aí. Em muitos sistemas, o ponto de partida é garantir a autenticação segura. A preocupação inicial deve ser com a criptografia e como os dados transitam no sistema.

Três pilares críticos são indispensáveis quando se trata de segurança defensiva:

- Disponibilidade.

- Integridade.

- Confidencialidade.

Ao focar nestes pilares, identifica-se o que é realmente crucial para o negócio. O WAF, por exemplo, é uma solução comum, mas é insuficiente se não for aplicado corretamente. Muitas vezes, um adversário pode burlar um WAF em questão de minutos.

É essencial para as empresas identificar quais ativos são críticos. A pergunta chave é: se um atacante comprometer um recurso ou funcionalidade específica, isso interromperá o negócio? Essa avaliação ajuda a priorizar onde concentrar os esforços de segurança.

Um dos principais desafios na segurança atual são as falhas relacionadas a credenciais. Ataques bem-sucedidos geralmente não exploram falhas de software, mas sim vulnerabilidades humanas. Um exemplo é o uso de uma única senha em diversos serviços, facilitando a ação de adversários. Implemente autenticação de dois fatores (MFA) como uma camada adicional de proteção contra ataques.

Conhecer os principais sistemas e processos de uma empresa é crucial. Se um sistema essencial para as operações diárias for comprometido, a empresa pode parar. Ferramentas como o Business Impact Analysis (BIA) ajudam a avaliar o impacto potencial de diferentes cenários de interrupção.

Os atacantes estão se voltando para técnicas de engenharia social, como o phishing. A simplicidade de convencer alguém a clicar em um link malicioso muitas vezes é mais eficaz do que tentar burlar sistemas de segurança robustos. Conduza campanhas de conscientização sobre phishing e treinamentos regulares para funcionários.

Não são apenas os sistemas que apresentam vulnerabilidades, mas as pessoas também. Engenharia social explora falhas humanas, e em muitos casos, a entrada em um sistema é facilitada não por um código, mas por um erro humano. Desenvolva um programa de treinamento para aumentar a conscientização sobre engenharia social e técnicas de phishing, identificando possíveis "pontos fracos" entre os funcionários e corrigindo-os.

Em resumo, a segurança defensiva não se trata apenas de tecnologia, mas de uma abordagem abrangente que leva em consideração a tecnologia, os processos e, crucialmente, as pessoas. O foco em todos esses aspectos garante uma postura robusta e preparada para os desafios atuais e futuros em segurança da informação.

CONSELHO 16: A ESTRATÉGIA SILENCIOSA POR TRÁS DA SEGURANÇA EM TI

Em um mundo empresarial acelerado, onde as ameaças cibernéticas tornaram-se uma preocupação diária, executivos de TI de grandes empresas precisam adotar uma abordagem estratégica e arquitetural para garantir uma defesa eficaz. Ignorar esse foco estratégico pode resultar em ações precipitadas que mais prejudicam do que protegem.

Muitas empresas optam pelo caminho mais fácil, bloqueando indiscriminadamente seus sistemas e aplicações. Contudo, esse método frequentemente se revela ineficaz. Não se trata apenas de fechar todas as portas, mas de entender quais portas precisam ser fechadas e quando. Uma abordagem impulsiva pode inadvertidamente criar vulnerabilidades, levando a potenciais brechas na segurança.

A abordagem Guardrails vai além do simples bloqueio. Concentra-se em direcionar e refinar as ações de segurança com um olhar específico para cada ativo da empresa. Afinal, como pode uma empresa proteger algo que desconhece?

Para implementar uma abordagem de segurança verdadeiramente robusta, é essencial mapear e compreender todos os ativos da empresa. Sem um conhecimento claro dos ativos e de suas respectivas ameaças, as medidas de segurança são, no melhor dos casos, reativas e, no pior, ineficazes.

Com o advento da Internet das Coisas (IoT), o comportamento do usuário tornou-se um componente crítico da equação de segurança. Fabricantes focam em vendas, muitas vezes deixando a segurança em segundo plano. Isso significa que a responsabilidade recai sobre as empresas e seus usuários. A conscientização torna-se uma ferramenta crucial.

O cenário atual de segurança digital também vem acompanhado de ameaças menos convencionais, como simulações de phishing no mundo físico. Muitas vezes os funcionários são rápidos em tomar ações sem considerar as consequências, um reflexo direto de como interagem com seus e-mails e anexos.

Para líderes de TI, é essencial não apenas investir em tecnologia, mas também na educação e conscientização de seus usuários. Seus sistemas são tão seguros quanto o elo mais fraco, que, frequentemente, é um usuário despreparado.

À medida que nos preparamos para abordar as soluções e estratégias futuras, é vital entender que a segurança em TI não se resume a softwares e firewalls. Ela reside na junção entre tecnologia, estratégia e comportamento humano. Assim, enquanto olhamos para as tendências emergentes, é imprescindível continuar reforçando as bases de uma segurança robusta.

CONSELHO 17: A LIDERANÇA FEMININA EM TECNOLOGIA: OS DESAFIOS E O CAMINHO A PERCORRER

A disparidade de gênero em posições de liderança em tecnologia é um tema de crescente discussão. As estatísticas revelam que o número de mulheres em tais posições ainda é significativamente menor do que os homens.

A representação feminina em cargos de liderança é, sem dúvida, menor do que se poderia esperar. Esta discrepância não se deve à falta de interesse por parte das mulheres. Em contraponto, a ONU destaca que mais de 85% das mulheres têm interesse em carreiras nas áreas de ciência, tecnologia, engenharia e matemática (STEM, em inglês). Contudo, apenas 15% concluem uma formação em tais campos. Isso nos leva a refletir: o que acontece entre o interesse inicial e a conclusão?

A ausência de modelos femininos no universo STEM é um fator decisivo. A maioria das jovens não cresce vendo mulheres em papéis de destaque em tecnologia – seja na família ou no círculo social. Isso reforça a noção equivocada de que carreiras tecnológicas não são para mulheres.

Outra barreira perceptível está nos estímulos desde a infância. Os brinquedos tradicionalmente oferecidos às meninas, como bonecas e jogos domésticos, diferem significativamente daqueles destinados aos meninos, que muitas vezes envolvem lógica e tecnologia. Esta divergência sutil na infância pode influenciar as escolhas de carreira posteriormente.

No entanto, nem tudo são desafios. Atualmente, vivemos um período promissor, com várias comunidades e associações dedicadas à inclusão e à promoção das mulheres em tecnologia. Estas organizações têm sido a voz ativa, organizando palestras, mentorias e programas educacionais voltados para o empoderamento feminino no mundo tech.

Como líder, é crucial reconhecer a importância da diversidade em sua equipe. Estimule e apoie iniciativas que promovam a equidade de gênero e incentive o desenvolvimento de talentos femininos em sua organização. O futuro da tecnologia precisa de uma representação equilibrada, e cada passo nessa direção beneficia a todos.

Em suma, embora ainda haja um caminho a ser percorrido, as transformações estão em andamento. E cabe a nós, especialmente aqueles em posições de liderança, acelerar esse movimento em busca de um setor de tecnologia mais inclusivo e representativo.

CONSELHO 18: EQUIDADE DE GÊNERO EM SEGURANÇA DA INFORMAÇÃO: CAMINHOS E DESAFIOS

O setor de segurança da informação, assim como muitos outros domínios da tecnologia, tem enfrentado seu próprio conjunto de desafios no que diz respeito à equidade de gênero. Enquanto algumas pessoas encontram modelos femininos de sucesso nesse campo, a maioria ainda enxerga tais exemplos como exceções e não como a norma.

É notável que existem mulheres de destaque no setor de segurança da informação. Contudo, a presença dessas líderes femininas, embora inspiradora, ainda representa uma parcela ínfima – cerca de 1% da realidade global.

A busca pela equidade não é apenas sobre tratar todos igualmente, mas sobre garantir que todos tenham acesso equitativo às oportunidades, ao conhecimento e aos recursos. Isso se manifesta de várias formas: acesso a oportunidades de emprego, critérios de avaliação em processos seletivos e acesso a treinamento e educação.

Uma das questões mais desafiadoras está nos processos seletivos, onde frequentemente as mulheres são avaliadas com critérios diferentes dos aplicados aos homens. Esta disparidade é um testemunho de preconceitos implícitos que ainda permeiam a indústria.

Para os tomadores de decisão e líderes no campo da tecnologia, é essencial abordar e reconhecer esses desafios. Em um esforço para promover a equidade, repense e reformule processos seletivos, garantindo que eles sejam justos e imparciais. Além disso, invista em mentorias e treinamentos específicos que incentivem a participação feminina na área. A diversidade não é apenas uma meta corporativa; é um impulsionador de inovação e sucesso.

Embora o setor de segurança da informação ainda esteja apenas caminhando em direção a um ideal de equidade, já existem sinais claros de progresso. Conversas sobre o tema estão sendo amplamente disseminadas, e o crescente reconhecimento da necessidade de diversidade é um passo positivo nessa jornada.

Finalmente, enquanto as mudanças não ocorrem em sua totalidade, o caminho adiante está claro: é essencial garantir que todos, independentemente de gênero, tenham as mesmas oportunidades e sejam avaliados com o mesmo rigor e justiça.

CONSELHO 19: A EVOLUÇÃO DAS MULHERES NA TECNOLOGIA E OS DESAFIOS CONTÍNUOS

Ao longo da história da tecnologia, houve momentos de turbulência e transformação. Uma dessas mudanças mais marcantes é a gradual ascensão das mulheres nesse campo dominado por homens. Porém, a história revela uma série de obstáculos, bem como resiliência e conquista.

Um dos primeiros pontos de destaque é a mudança nas universidades. Em 1994, em uma sala de faculdade típica de TI, provavelmente encontraríamos somente quatro mulheres em uma turma de 120 homens - uma proporção assustadoramente desequilibrada. Avançando para os dias atuais, em universidades renomadas, esse número aumentou para 12 meninas em um contexto semelhante. Apesar de ainda desproporcional, é uma evolução.

Líderes de TI em grandes empresas devem estar cientes de que a diversidade gera inovação. Encorajar a presença feminina nas equipes não é apenas uma questão de equidade, mas uma estratégia para fortalecer a abordagem criativa e a resolução de problemas.

No entanto, ao examinar o mercado pós-universitário, as estatísticas se inclinam de forma desfavorável às mulheres. Apesar de haver uma porcentagem maior de mulheres se formando, quando se trata de ingressar no mercado de trabalho, as oportunidades parecem ser dramaticamente diferentes.

De acordo com um indicador da ONU, as mulheres assumem cerca de 80% das horas não remuneradas. Essas horas referem-se a tarefas como cuidar da casa, dos filhos e outras responsabilidades não profissionais. O impacto disso no crescimento profissional é profundo: menos tempo para se dedicar à carreira, e muitas mulheres acabam desistindo não apenas da graduação, mas também de avançar em suas carreiras após certos marcos de vida, como a maternidade.

Executivos de TI devem compreender e abordar as disparidades que persistem no ambiente de trabalho. As políticas de equilíbrio entre trabalho e vida devem ser uma prioridade para reter talentos femininos.

Há, porém, outro desafio que se destaca: a idade. As mulheres que buscam reentrar no mercado após uma pausa na carreira frequentemente encontram barreiras relacionadas à idade. Muitas vezes, a experiência e o conhecimento são ofuscados por preconceitos relacionados à idade. Em um campo que valoriza a inovação e a experiência, essas barreiras são contraproducentes.

A experiência e o conhecimento não têm prazo de validade. É essencial olhar além da idade e valorizar a vasta gama de habilidades que os profissionais mais experientes trazem.

Em suma, a jornada das mulheres na tecnologia é uma tapeçaria complexa de desafios e conquistas. Para líderes de TI, reconhecer e abordar essas complexidades é vital para criar ambientes de trabalho mais inclusivos e inovadores. Afinal, no mundo da tecnologia, a diversidade é a chave para a inovação.

CONSELHO 20: A INCLUSÃO FEMININA NA TECNOLOGIA: A REALIDADE DOS BASTIDORES

A indústria da tecnologia tem se modificado, adaptando-se para abarcar a diversidade no mundo corporativo. Os benefícios disso são notáveis, onde organizações que priorizam uma abordagem mais inclusiva notam um avanço em seus processos e na inovação. Tome, por exemplo, a ascensão da cibersegurança - uma área de atuação anteriormente dominada por homens que, ao incluir mulheres, testemunhou um desenvolvimento robusto e uma abordagem mais holística.

Empresas que reconhecem e valorizam genuinamente a diversidade estão, de fato, um passo à frente. No entanto, aquelas que visam apenas "preencher cotas" ou fazer uma boa figuração publicitária estão perdendo a essência do que significa verdadeira inclusão.

Esse tipo de iniciativa desempenha um papel crucial na ampliação da voz de mulheres, fornecendo as ferramentas e o conhecimento necessários para promover igualdade no mercado de trabalho.

Hoje, nos deparamos com um mercado ávido por profissionais especializados, especialmente no campo da cibersegurança. Essa demanda apresenta uma oportunidade ímpar para a inclusão de diferentes grupos - mulheres, comunidades negras, LGBT+, indivíduos acima dos 50 anos e PCDs, por exemplo. Além disso, iniciativas de ESG (Environmental, Social and Governance) têm sido grandes aliadas na promoção da inclusão feminina.

Contudo, ainda enfrentamos desafios. A inserção feminina tem melhorado, mas garantir a sustentação dessa presença e apoiar a progressão da carreira feminina são aspectos que necessitam de mais atenção.

Como realizar a inclusão na sua empresa de maneira correta:

- Avalie a cultura de sua empresa: Mais do que apenas preencher cotas, assegure-se de que sua empresa proporciona um ambiente verdadeiramente inclusivo e acolhedor para todas as minorias.

- Invista em capacitação: Há um déficit de profissionais em áreas como a cibersegurança. Capacitar e apoiar a formação de profissionais de grupos minoritários pode ser benéfico para todos.

- Promova a sustentabilidade: Adote iniciativas de ESG e veja como elas podem facilitar a diversidade e a inclusão no local de trabalho.

- Acompanhe e apoie: Garanta que sua empresa não apenas contrate mulheres, mas também as apoie ao longo de sua carreira, ajudando-as a superar desafios únicos e a ascender em seus campos de atuação.

À medida que avançamos para um futuro mais equitativo, é essencial que a inclusão seja mais do que uma palavra da moda. Ela deve ser a espinha dorsal de nossa abordagem para criar uma indústria de tecnologia verdadeiramente diversificada e inovadora.

CONSELHO 21: A TRANSFORMAÇÃO DIGITAL E A PARTICIPAÇÃO FEMININA

O panorama corporativo contemporâneo, particularmente no setor de TI, está mudando rapidamente. Em meio a essas mudanças, a diversidade tem sido um pilar fundamental para garantir uma evolução saudável e sustentável.

Para aqueles no comando de TI em grandes empresas, é crucial entender a importância da inclusão e como efetivamente implementá-la. Quando uma organização estabelece um indicador - seja ele financeiro ou relacionado à diversidade -, o procedimento para atingir esse objetivo permanece essencialmente o mesmo. Definem-se estratégias, processos, projetos, políticas e normas. A inclusão da mulher no setor tecnológico segue essa mesma lógica.

Trate seus objetivos de diversidade com a mesma seriedade com que você abordaria um indicador financeiro. Defina, implemente, monitore e refine sua estratégia para garantir o cumprimento deste indicador.

Uma barreira à inclusão eficaz é a comunicação. Muitas vezes, a comunicação entre gêneros é falha, levando a mal-entendidos que podem criar ambientes insustentáveis. Por isso, organizações como a WOMCY - Women in Cybersecurity - optaram por abordagens inclusivas, mas não separatistas. Ter homens e mulheres, em proporções quase iguais, é vital. Especialmente quando se considera que, atualmente, a maioria dos profissionais de TI são homens.

Promova canais abertos de comunicação e entenda que a inclusão eficaz não é apenas sobre trazer mais mulheres para a equipe, mas também sobre criar um ambiente onde todos se sintam compreendidos e valorizados.

O conceito de diversidade abrange mais do que apenas a igualdade de gênero. Inclui questões de raça, orientação sexual, idade, status econômico e muito mais. Quando uma categoria de diversidade é potencializada, é provável que outras se beneficiem também.

Reconheça a diversidade em todas as suas formas. Ao fazê-lo, você não só está promovendo um ambiente de trabalho mais inclusivo, mas também está potencializando sua organização para o sucesso no cenário global.

O ponto principal é claro: a inclusão e a diversidade não são apenas "coisas certas a se fazer", mas também são essenciais para o sucesso e a inovação em qualquer empresa de tecnologia. Para os líderes, é hora de abraçar essa mudança e liderar pelo exemplo. A transformação começa de cima.

CONSELHO 22: DA TEORIA À PRÁTICA: A TRANSFORMAÇÃO DO APRENDIZADO EM CIBERSEGURANÇA ATRAVÉS DO CAPTURE THE FLAG (CTF)

Em qualquer profissão, a prática e a experiência real são cruciais para o desenvolvimento de habilidades. Assim é com o mundo da cibersegurança. As empresas de hoje, especialmente aquelas lideradas por líderes visionários de TI, compreendem a importância de capacitar sua força de trabalho através de métodos práticos. O Capture the Flag (CTF) surge como uma solução inovadora nesse cenário.

A natureza gamificada do CTF proporciona aos participantes uma oportunidade única de enfrentar desafios realistas e aplicar seus conhecimentos teóricos. Para aqueles que não estão familiarizados, o CTF envolve a busca por "flags" ou palavras-chave para desbloquear diferentes níveis. Esses níveis variam em complexidade, desde desafios para iniciantes até aqueles projetados para os mais avançados na área.

Benefícios do CTF:

- Aplicação prática: Em vez de mergulhar apenas na teoria, os CTFs permitem que os participantes apliquem o que aprenderam em situações do mundo real.

- Colaboração e networking: Enquanto participantes trabalham em desafios, eles trocam informações e estratégias com outros, potencializando o aprendizado.

- Construção de portfólio: Os participantes são incentivados a documentar suas descobertas e estratégias, criando assim materiais que podem servir como prova de suas habilidades.

- Desenvolvimento profissional: Publicar realizações e aprendizados, como conquistas em CTFs, em plataformas como o LinkedIn, amplia o reconhecimento profissional.

A promoção e o encorajamento da participação em CTFs dentro de suas equipes podem não apenas ampliar suas habilidades, mas também criar uma cultura de aprendizado contínuo.

Dando um passo além do CTF, é essencial enfatizar a importância da formação básica. Antes de mergulhar no hacking ou em qualquer especialização, uma compreensão sólida dos fundamentos - como sistemas operacionais e redes de computadores - é crucial. Isso não só garante que as habilidades adquiridas sejam fundamentadas em um conhecimento sólido, mas também auxilia na sustentação e adaptação em um mercado de TI em constante evolução.

Como líder de TI, sempre busque maneiras de reforçar a educação fundamental entre sua equipe. A longo prazo, essa base sólida será o alicerce para a inovação e excelência.

É vital que as empresas reconheçam as ferramentas e recursos disponíveis para a formação em cibersegurança. CTFs e outras iniciativas educacionais, muitas das quais são oferecidas gratuitamente, podem ser um trampolim para uma equipe mais qualificada e, consequentemente, para uma organização mais segura.

CONSELHO 23: A RESILIÊNCIA E O IMPACTO SOCIAL NA TI

O ingresso e a permanência no setor de Tecnologia da Informação (TI) não é isento de desafios, e a trajetória daqueles que se esforçam para conquistar um espaço é repleta de aprendizados. No centro dessas histórias, está a ideia de que, quando uma pessoa consegue ultrapassar obstáculos, ela pode inspirar e abrir caminhos para outras. Essa é a essência da democratização do acesso à tecnologia.

Não são todos que têm modelos ou exemplos a seguir em suas famílias ou comunidades, especialmente no setor de TI. Imagine uma jovem da periferia, que estudou em escola pública e não teve nenhum membro da família na área tecnológica. Seu caminho até a TI seria marcado por determinação e resiliência, demonstrando que é possível superar a falta de referências.

A importância do suporte comunitário não pode ser subestimada. A criação de comunidades, como a Live4Sec, visava resgatar jovens talentos autodidatas e direcioná-los para carreiras legítimas em cibersegurança. Através de mentorias e parcerias, essas iniciativas garantem que jovens, independentemente de sua origem, tenham uma oportunidade no mercado de TI.

Apesar de progressos significativos, ainda há espaço para melhorias quanto à inclusão de mulheres na TI. Histórias de preconceito em entrevistas de emprego, onde questões sobre maternidade são levantadas de forma inapropriada, demonstram as barreiras que ainda precisam ser superadas. O mercado deve reconhecer que as mulheres, além de competentes, frequentemente desempenham múltiplos papéis na sociedade, provando sua capacidade de multitarefa e resiliência.

Para um líder de TI em uma grande empresa, é vital reconhecer o valor da diversidade e inclusão. A criação de ambientes de trabalho que valorizem todos os profissionais, independentemente de sua origem ou gênero, não só é eticamente correta, mas também impulsiona a inovação e a produtividade.

Como líder, busque criar e apoiar iniciativas que democratizem o acesso à educação tecnológica. Incentive a criação de comunidades internas para mentoria e suporte. Seja o exemplo de mudança que você deseja ver na indústria, e lembre-se sempre que o talento não tem gênero, cor ou classe social.

CONSELHO 24: A FORÇA DAS COMUNIDADES NA JORNADA DA TECNOLOGIA

As transições de carreira são notórias, especialmente em um mundo em rápida evolução tecnológica. Muitos profissionais, movidos pela necessidade ou pela curiosidade, decidem dar uma guinada em suas trajetórias, e a área de tecnologia se torna um atrativo natural.

Com o advento da pandemia, o autodidatismo se mostrou uma ferramenta vital. Há inúmeros relatos de pessoas que, durante o isolamento, buscaram cursos, bootcamps e comunidades online para aprender programação.

É crucial entender esse movimento. Ao recrutar talentos, avalie candidatos que mostraram proatividade e resiliência durante períodos de incerteza. Eles podem trazer uma perspectiva fresca e inovadora para a equipe.

As comunidades emergem como uma força propulsora nesse cenário. Elas são espaços onde profissionais, especialmente mulheres e minorias, encontram suporte, orientação e um sentido de pertencimento. No entanto, a seleção da comunidade certa é crucial:

- Identificação: É essencial que os membros se sintam identificados com os valores e objetivos da comunidade.

- Apoio mútuo: Comunidades saudáveis são aquelas onde os membros estão genuinamente interessados em ajudar uns aos outros.

Para líderes em grandes empresas, considerem apoiar ou criar comunidades internas focadas em inclusão, diversidade e aprendizado. Elas podem ser uma fonte inestimável de inovação e crescimento.

Existe uma narrativa emergente e poderosa sobre o papel das mulheres na tecnologia. Contra a maré de desigualdade, elas têm mostrado capacidade de liderança, inovação e resiliência. A noção tradicional de que os papéis de gênero determinam habilidades está sendo desafiada todos os dias por mulheres que provam que são tão capazes quanto seus colegas do sexo masculino.

Reconheça e valorize as contribuições das mulheres na sua empresa. Criar um ambiente inclusivo não é apenas moralmente correto, mas também é bom para os negócios.

Ao final, não são apenas os membros individuais das comunidades que se beneficiam. Os líderes e organizadores desses grupos também ganham valiosas experiências e perspectivas. A jornada para apoiar outros profissionais é muitas vezes recompensada com crescimento pessoal e profissional.

Engaje-se com comunidades externas, seja como mentor ou simplesmente como um ouvinte ativo. As perspectivas adquiridas podem ser inestimáveis para sua própria jornada de liderança.

Em um mundo de tecnologia em constante evolução, as comunidades emergem como faróis de apoio, aprendizado e crescimento. Para líderes de TI, entender e envolver-se com essas comunidades não é apenas benéfico - é essencial.

CONCLUSÃO

A era digital trouxe consigo uma onda de possibilidades inexploradas e oportunidades sem precedentes, tanto para indivíduos quanto para corporações. No entanto, com esses benefícios, vieram desafios complexos e ameaças emergentes. À medida que avançamos no domínio da tecnologia, a cibersegurança surge não apenas como uma necessidade, mas como uma urgência. Para empresas, a segurança corporativa está indissociavelmente ligada ao bem-estar de suas operações.

No entanto, um dos aspectos mais reveladores desta jornada foi o reconhecimento da superfície digital como a primeira linha de defesa. Ao mesmo tempo, é impossível ignorar a fragilidade humana em um mundo cada vez mais digitalizado. A humanidade, com todas as suas falhas, tornou-se paradoxalmente o ponto mais vulnerável e o mais valioso na equação da cibersegurança. Esta dualidade é acentuada à medida que exploramos a evolução da inteligência artificial e seu papel na transformação da segurança cibernética. A IA oferece uma gama de oportunidades, mas também lança um conjunto único de desafios, especialmente quando entrelaçada com a Internet das Coisas (IoT).

Ao mergulhar nas estratégias e táticas de segurança, fica claro que a abordagem não é apenas técnica. É essencial um equilíbrio entre testes automatizados e manuais, bem como uma compreensão das nuances da liderança e gestão em segurança de TI. A questão do gênero, particularmente a participação e a inclusão feminina na tecnologia, também é um ponto central. Ao falar sobre liderança feminina e equidade de gênero é importante destacar não apenas os desafios, mas também o caminho a ser trilhado para um futuro mais inclusivo.

A conclusão mais ressonante de todas é que a cibersegurança não é apenas um domínio técnico. É um campo que exige resiliência, inclusão, aprendizado contínuo e uma comunidade unida para enfrentar os desafios que surgem. Esta jornada reitera a importância de uma abordagem holística e centrada no ser humano e sua participação na tecnologia e segurança, de modo a caminhar para um futuro digital mais seguro e inclusivo.

www.ingramcontent.com/pod-product-compliance
Ingram Content Group UK Ltd.
Pitfield, Milton Keynes, MK11 3LW, UK
UKHW021955190726
13853UKWH00004B/1551